世界の難民の子どもたち
④「ジンバブエ」のジュリアンの話

ジンバブエから脱出してきた、わたしの本当の話。

＊（監修者註）難民の定義はさまざまありますが、この本では、保護を求めて国外に逃れた人を「難民」と呼んでいます。

Juliane's Story - A Journey from Zimbabwe (Seeking Refuge)
Text and Illustrations ©Mosaic Films 2014
Japanese translation rights arranged with HODDER AND STOUGHTON LIMITED
on behalf of Wayland, a division of Hachette Children's Group
through Japan UNI Agency, Inc., Tokyo

世界の難民の子どもたち
④「ジンバブエ」のジュリアンの話

2016年10月18日　初版1刷発行

監修　難民を助ける会

作　アンディ・グリン
絵　カール・ハモンド
訳　いわたかよこ
（翻訳協力　株式会社トランネット）

DTP　川本要

発行者　荒井秀夫
発行所　株式会社ゆまに書房

東京都千代田区内神田2-7-6
郵便番号　101-0047
電話　03-5296-0491（代表）

ISBN978-4-8433-4991-5 C0331

落丁・乱丁本はお取替えします。
定価はカバーに表示してあります。

Printed and bound in China

世界の難民の子どもたち
④「ジンバブエ」のジュリアンの話

わたしはジュリアン。

これは、ジンバブエから脱出してきたわたしの話。

まだ、うんと小さかったころは、おかあさんと農場でくらしていました。

でも、3歳半になったとき
わたしは置き去りに
されました。
どうして、おかあさんが
いなくなったのかは
わかりません。
きっと、命をねらわれて
いたんだと思います。

その後、教会の孤児院へつれていかれました。
そこで思い知ったのです。わたしは、自分で自分の
おとうさんとおかあさんにならなきゃダメなんだって。

わたしはもう、みなしごなのかも。そんな気持ちに、おそわれることもありました。

孤児院には、子どもが30人くらいいました。
食事の時間になると、その子たちが、いっせいに
たった1枚のお皿にかけよっていきました。

大きな大きなお皿でした。
だけど、そこにある食べものは
ほんの少しだけ。
せいぜい、子ども1人分でした。

わたしは、ほとんど
食(た)べられませんでした。
どうにか水(みず)が飲(の)めただけ。
ただ、その水(みず)も
きれいじゃありませんでした。

カタツムリが入っていたり、ゴミがたくさん浮いていたり……
でも、えり好みはできません。
そんな水でも
飲むしかありませんでした。

孤児院には
意地悪な子たちがいました。
その子たちに、いつも
ばかにされたり
悪口を言われたり
していました。

みんなが遊んでいても、わたしはひとりで座って、見ていました。
そうでなければ、本を読むか、涙をぽろぽろ、こぼしていました。

ある日、わたしたちは
孤児院からつれ出され
大きなトラックの、まっ暗な荷台に
おしこまれました。
よく見ると、そこには
わたしたち以外にも
たくさんの人がいました。

一番小さかったわたしは、一番最後に乗せられました。
だから、荷台の一番後ろ。

ふと外を見ると、女の人が走ってきます。しかも、はだしです。
身につけているのは、ズボンとTシャツだけ。
必死にトラックを追いかけながら、何か、さけんでいます。
わたしの名前でした！
「ジュリアン！」

目をこらして、じっと見つめました。
「あの顔は……そうよ……おかあさんだ!」
涙が止まりませんでした。そして思ったのです。
今すぐ、トラックからおりなきゃ!

とてつもない考えだったと、今なら、わかります。
あのときのわたしの、どこに、それだけの力があったのかは、わかりません。
でも、わたしはためらうことなく、トラックの荷台から飛びおりたのです。
まっすぐ、おかあさんに向かって。

おかあさんに、だきつく、わたし。
わたしを、だきしめてくれる、おかあさん。
2人とも、うれしくて、大きな声をあげました。
涙が、あとからあとから、あふれてきます。
夢みたいでした。
それからは、いいことばかりが続きました。

おかあさんは
大使館に行きました。
そして、わたしのビザを
もらってくれたのです。

これで
ようやくこの国を出られます。

すぐに飛行機に乗りました。着いたのは
おかあさんとわたしが
これからずっと、くらしていく国。
おかあさんとわたしの、新しい国です。

おかあさんと、また
いっしょにくらせるなんて
うれしくて、たまりませんでした。
だけど、初めて学校に行った日は
つらくて、たまりませんでした。

話しかけるのがこわくて
言葉が上手に出てこなくなりました。

急に、心配で心配でたまらなくなって
パニックを起こすことも、よくありました。
授業中なのに、何が何だか、わからなくなることも。本当に、ぞっとしました。

家に帰って、おかあさんがいなかったら、どうしよう！
そんな不安が、いつも心の底にあって
それがふいに、顔を出すこともありました。

すると、心臓が
ものすごく
どきどきしてきました。
ときには
そのまま
気を失ってしまいました。

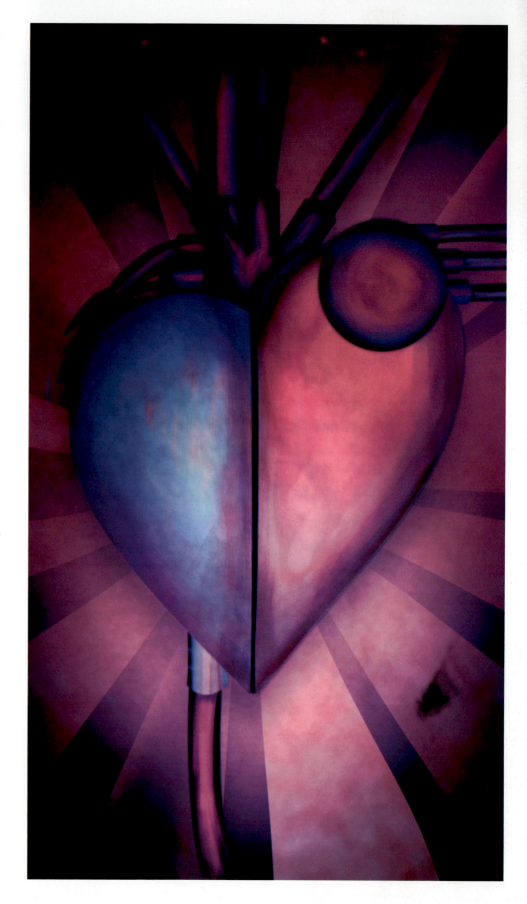

気が立ったり、めいったり
胸がつまったりすると
わたしは決まって
その人たちのところに
行きます。
かならず
だれかが待っていて
話を聞いてくれます。
そして、いっしょになって
あれこれ考えながら
わたしの心を
落ち着かせてくれるのです。

今は、早く
みんなと仲よく
なれるよう
一生けんめい
がんばっています。
だいじょうぶです。
どんなに大変でも
負けません。
ちゃんと
立ち向かって
いけます。

だって
信じているからです。
苦しいことや
つらいことがあっても
それを、さけずに
できるかぎりの
努力をしていけば
いつか、かならず
ありのままの自分を
受け入れてもらえる、と。
いつか、かならず
夜空の星みたいに
キラキラ
かがやけるようになる、と。

長くて、まっ暗なトンネルの中を
歩いているような毎日でも
トンネルをぬけた先には
かならず虹があるのです！

難民の理解のために

みなさんは「難民」と聞くと、どのような人を想像しますか。世界にはさまざまな理由で自分の故郷を捨てなければならない人々がいます。UNHCR（国連難民高等弁務官事務所）発表によると、2015年末の時点で、世界中で6,530万人が、内戦や治安悪化などによって難民や国内避難民などとして故郷を追われ、強制的に移動しなければならない状況に置かれています。

このうち、2,130万人が、母国を離れ他国に逃れている「難民」、約4,080万人が自国にとどまって避難生活を送っている「国内避難民」、そして320万人が「庇護希望者」です。いま、日本の人口は約1億3千万人ですが、世界ではその半数近くにあたる人々が故郷を追われているのです。

数字にしてしまうと、一人ひとりの顔が見えず、ただの大きな数の集団としか感じられないかもしれません。でも、その一人ひとりに、人種や宗教が違うというだけで迫害されたからとか、武力紛争が激化して安全でなくなったからとか、故郷を捨てなければならないそれぞれの理由があります。

そして、避難する長い道のりの途中で家族が離れ離れになってしまったり、地雷を踏んで手足を失ってしまったりといった、それぞれの物語があります。なんとか生き延びたとしても、難民を受け入れている国も経済的に貧しい場合も多いので、避難先で十分な食料や生活に必要な物資の支援を受けられないこともあります。学校に行けなかったり、たとえ通えても、言葉が違ったりして、授業が理解できないかもしれません。もちろん、難民となっても、逃れた先で一生懸命に努力して、生活の基盤を築き、成功をおさめる人もいます。

本書は難民となった子どもたちの実話です。いま、この瞬間にも世界のどこかで故郷を捨てて逃げている最中の子どもたちがいます。この本を読んで、そんな子どもたちの苦悩・希望・決意を少しでも想像してみてください。そして、世界の難民に対して、みなさんができることが何かないかを少しでも考えてくれたらうれしいです。

「難民を助ける会」専務理事
堀江良彰